BEI GRIN MACHT SICH IHR WISSEN BEZAHLT

- Wir veröffentlichen Ihre Hausarbeit, Bachelor- und Masterarbeit

- Ihr eigenes eBook und Buch - weltweit in allen wichtigen Shops

- Verdienen Sie an jedem Verkauf

Jetzt bei www.GRIN.com hochladen und kostenlos publizieren

Bibliografische Information der Deutschen Nationalbibliothek:

Die Deutsche Bibliothek verzeichnet diese Publikation in der Deutschen National-
bibliografie; detaillierte bibliografische Daten sind im Internet über http://dnb.d-
nb.de/ abrufbar.

Impressum:

Copyright © 2018 GRIN Verlag
Druck und Bindung: Books on Demand GmbH, Norderstedt Germany
ISBN: 9783668694415

Dieses Buch bei GRIN:

https://www.grin.com/document/423808

Lilly Sarisakal

Entwicklung eines Social-Media-Marketingkonzepts für das Fitnessstudio MEXXfit

GRIN Verlag

GRIN - Your knowledge has value

Der GRIN Verlag publiziert seit 1998 wissenschaftliche Arbeiten von Studenten, Hochschullehrern und anderen Akademikern als eBook und gedrucktes Buch. Die Verlagswebsite www.grin.com ist die ideale Plattform zur Veröffentlichung von Hausarbeiten, Abschlussarbeiten, wissenschaftlichen Aufsätzen, Dissertationen und Fachbüchern.

Besuchen Sie uns im Internet:

http://www.grin.com/

http://www.facebook.com/grincom

http://www.twitter.com/grin_com

Hochschule für angewandtes Management in Ismaning

Fachbereich: Wirtschaftspsychologie

Wintersemester 2017/2018

Modul: BF-K&W: Spezielle wirtschaftspsychologische Fragestellungen der Branche

Studienarbeit

**- Entwicklung eines Social Media Marketingkonzepts für das Fitnessstudio
MEXXfit-**

vorgelegt von

Lilly Marie Sarisakal

6. Semester

Tag der Einreichung: 18.03.2018

Inhaltsverzeichnis

Abbildungsverzeichnins

1. Einleitung

Das neue Jahr hat begonnen und mit ihm kommen die guten Vorsätze. Die persönlichen Ziele sind dabei vielseitig, doch fit und schlank zu werden gehört meistens dazu. Auch das Fitnessstudio MEXXfit in Markt Indersdorf nimmt dieses Phänomen wahr: „Mit dem Ende der Weihnachtsferien startet unsere besucherstärkste Zeit im Jahr", so Vassilios Kyrillidis, Geschäftsleiter des Studios. Die guten Vorsätze halten meist bis Ende März an, dann werden die Besucher weniger. „Rund 60 Prozent unserer jährlichen Neumitglieder melden sich im Januar an", erklärt Herr Kyrillidis im Interview. Dies hat auch, aber nicht nur mit guten Vorsätzen zu tun. Die kalte Jahreszeit ist für Fitnessstudios die gewinnbringendste, denn im Hochsommer möchten die wenigsten in einem Fitnessstudio trainieren. Ab diesem Zeitpunkt sind die Studios gefragt, ihre Mitglieder mit guter Betreuung an sich zu binden. „Das versuchen wir durch individuelle persönliche Betreuung und einen abwechslungsreichen Kursplan zu gewährleisten", so der Studioleiter des MEXXfit. Doch auch das richtige Marketing ist von Bedeutung. Im modernen Zeitalter setzen immer mehr Unternehmen aus verschiedenen wirtschaftlichen Sektoren auf das sogenannte Influencer-Marketing. Beim Influencer-Marketing werden gezielt Meinungsmacher mit einer reichweitenstarken Community für Marketing- und Kommunikationszwecke eingesetzt. Ziel ist es, die Wertigkeit und Glaubwürdigkeit der eigenen Markenbotschaft zu steigern. Influencer genießen eine hohe Anerkennung als Experten oder Vorbilder in ihrer Community. Die jeweiligen Follower vertrauen und folgen ihren Meinungen und Empfehlungen. Wenn ein Influencer, also beispielsweise ein Social-Media-Nutzer mit einer hohen Anzahl an Followern, auf einer Plattform ein Fitnessstudio empfiehlt, folgen viele seiner Abonnenten diesem Ratschlag und melden sich ebenfalls in dem für gut befundenen Studio an. Die Influencer sollten potentielle Kunden in ihrem Entscheidungsprozess positiv beeinflussen. Indem Influencer ihre Leidenschaft für ein Produkt oder eine Marke zum Ausdruck bringen, können sie damit großen Einfluss auf die Markenwahrnehmung und Reputation eines Unternehmens in ihrer Community nehmen. Aus diesem Grund soll für das Fitnessstudio MEXXfit eine Influencer-Marketingkampagne gestartet werden, welche auf drei Monate Laufzeit begrenzt ist. Die Kampagne bezieht sich auf einen Drei-Monats-Fitnessvertrag von Januar bis März für einmalig 90,00 Euro.

Zunächst wird das Unternehmen MEXXfit, sowie die Stamm- und Zielkundschaft beleuchtet. Anschließend wird erläutert, weshalb sich die Verfasserin dieser Arbeit für das Unternehmen entschieden hat. Mit dem nächsten Schritt beginnt die Rahmenplanung der Kampagne: Es wird begründet, auf welchem Netzwerk die Kampagne eingeführt werden soll. Zudem wird ein passender Influencer für die Umsetzung der Kampagne ausgewählt, sowie die Art und der Inhalt der Postings bestimmt. Das Ziel dieser Arbeit ist es, eine gewinnbringende Marketing-Kampagne für das Unternehmen zu gestalten.

2. Definition Social Media

Der Begriff Social Media beschreibt Webseiten und Apps, über die Nutzer Inhalte kreieren sowie teilen und sich vernetzen können. Social meint in diesem Zusammenhang das Vernetzen mit Anderen sowie die Interaktion durch das Teilen und Empfangen von Informationen. Media ist schlichtweg das Kommunikationsinstrument, also das Internet. Social Media ist damit ein webbasiertes Kommunikationstool, das Nutzer in die Lage versetzt, miteinander zu interagieren und Informationen zu teilen sowie zu konsumieren (Nirschl & Steinberg, 2017).

Mit Social Media sind alle Plattformen gemeint, die Ihren Nutzern ermöglichen, sich weitläufig und großflächig zu vernetzen. Zentrales Merkmal von Social Media ist die Interaktivität (Brown & Hayes, 2008). Durch digitale Kanäle werden dabei Informationen ausgetauscht. Soziale Medien lassen sich in erster Linie in soziale Netzwerke und Messenger unterscheiden. Wobei einige Plattformen wie beispielsweise Facebook oder Instagram beide Funktionalitäten miteinander vereinen. Facebook, Instagram, Twitter, Whatsapp, Snapchat, Youtube, und Pinterest bilden aufgrund ihrer Popularität in Deutschland

Abb.1: Social Media

die wichtigsten Plattformen für Social Media Marketing. Dabei gibt es spezifische Ausrichtungen der sozialen Netzwerke, sodass sie nur wenig bis gar nicht in Konkurrenz zueinanderstehen. Facebook ist das mit Abstand relevanteste soziale Netzwerk weltweit. Es bietet zudem eine Messenger-Funktion. Genauso ist es bei der Plattform Instagram, welche sich jedoch hauptsächlich auf das Bilder- und Videoformat fokussiert. Ausschließlich auf Bild- und Videofrequenzen spezialisiert ist die Plattform Pinterest. Zwischen Instagram und Pinterest bestehen deshalb die größten Schnittmengen. Twitter ist ein soziales Netzwerk, bei dem die Zeichenzahl der Tweets auf 140 Zeichen beschränkt ist. Whatsapp und Snapchat sind Messenger-Dienste. Snapchat ist insbesondere bei jüngeren Menschen beliebt, da die Nachrichten nach kurzer Zeit wieder gelöscht werden. Youtube ist eine Video-Suchmaschine und ein soziales Netzwerk für Videos miteinander vereint. Die Plattform wird von Google betrieben und gilt als zweitgrößte Suchmaschine hinter Google.

Für die Interaktion sind User Accounts in sozialen Netzwerken unerlässlich. Ebenso legen User sich in den meisten Social Media-Plattformen Profile an, die von anderen eingesehen werden können. Diese Profile enthalten Informationen über den jeweiligen Nutzer, wie beispielsweise ein Profilbild, eine Biographie oder einen Website-Link.

Die Kontakte auf den jeweiligen Social-Media-Kanälen werden Freunde, Follower oder Abonnenten genannt. Viele Plattformen bieten Gruppen an, in denen sich die Nutzer zu verschiedenen Interessen organisieren können.

3. Begriffsklärung Social Media Marketing

Die Werbung will über eine gezielte Werbebotschaft potenzielle Käufer eines Produktes oder einer Produktgruppe zum Kaufen veranlassen. Dazu werden spezielle Werbemittel über verschiedene Werbeträger eingesetzt. Das Ziel ist es, Emotionen bei den Zielpersonen auszulösen. Traditionelle Werbemedien, wie Zeitungsanzeigen oder Radiospots erzielen zwar eine hohe Reichweite, gehen aber meist mit einem großen Streuverlust einher. Ebenso ist es bei TV-Werbung, welche noch dazu mit sehr hohen Kosten für das werbende Unternehmen verbunden ist und von den Konsumenten zunehmend als störend wahrgenommen wird. Neue Werbetechnologien wie das Social Media Marketing machen es möglich, sehr einfach und kostengünstig Werbeinhalte online zu gestalten um diese anschließend zu veröffentlichen.

Social Media Marketing ist eine Art der Online-Werbung, bei der soziale Medien für die eigenen Unternehmens-Ziele genutzt werden. Als Online-Marketing-Kanal ist Social Media aus verschiedenen Gründen interessant: In erster Linie haben Werbetreibende beispielsweise bei Facebook oder Instagram aufgrund der im Durchschnitt sehr detaillierten Nutzerprofile und entsprechendem Targeting die Möglichkeit, besonders zielgenau zu werben. Der Erfolg bei der Informationsübermittlung der Medien hängt vor allem davon ab, wie gezielt sie ist und wie sehr sie den Alltag der Menschen vereinfacht. Es gilt die Faustregel je bequemer desto besser. Mit Social Media oder auch sozialen Medien wird es auf die bequemste Art und Weise möglich, stets mit Freunden oder anderen Usern in Kontakt zu sein, Bilder, Kurznachrichten und Videos zu teilen. Die Anzahl der regelmäßigen User steigt dementsprechend immer weiter.

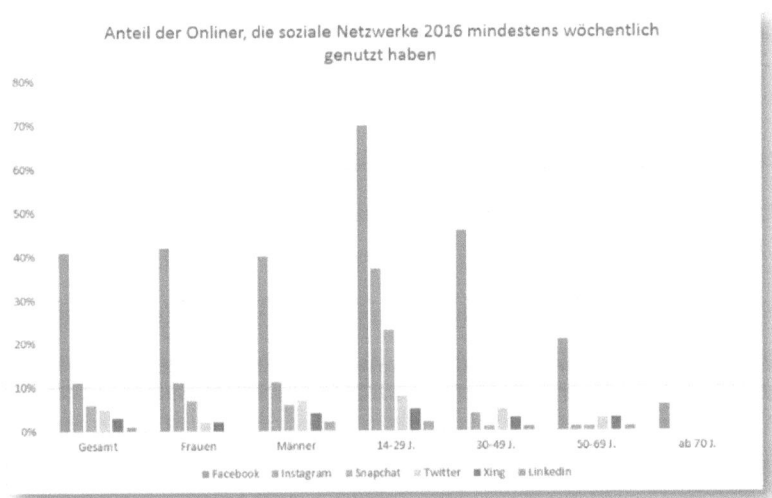

Abb.2: Social Media Nutzung

Social Media Marketing kann auf drei verschieden Arten genutzt werden: Zur Verbreitung von Social Content, zur Trafficgenerierung für die eigene Website und zum Schalten von Social-Media-Werbung. Den Nutzen, den Unternehmen durch Social Media Marketing generieren wollen, kann beispielsweise die Imagepflege, Informationsaustausch oder die Erweiterung des Bekanntheitsgrades sein. Es geht aber auch häufig um eine Steigerung des Abverkaufs oder die Stärkung der Kundenbindung (Brown et al., 2008).

4. Begriffsklärung Influencer

Als Influencer, was zu Deutsch: Beeinflusser oder Meinungsmacher bedeutet, werden Menschen bezeichnet, die in sozialen Netzwerken über Marken berichten oder Produkte präsentieren. Durch ein hohes Ansehen und eine starke Präsenz haben sie einen großen Einfluss auf Ihre Follower. Ihre Meinungen über Marken, Produkte und Dienstleistungen teilen sie in Artikel, Videos und Fotos sind die häufigste Form, in den Meinungen über Marken und Produkte geteilt werden. Grundsätzlich können drei verschiedene Influencer-Typen differenziert werden:

Die Markenliebhaber haben umfangreiche Erfahrungen mit einer Marke sowie eine starke, positive Bindung zu dieser.

Die Markenkritiker stehen dem Unternehmen allgemein kritisch gegenüber oder haben negative Erfahrungen mit einem Produkt oder einer Marke gemacht. Dadurch, dass sie sich negativ äußern, üben sie einen negativen Einfluss auf die Kaufentscheidung oder die Meinung Dritter aus.

Die Markenexperten sind als Fach-Experten anerkannt und stehen vielen Menschen als Ratgeber zu bestimmten Themen zur Seite. Markenexperten haben grundsätzlich eine neutrale Einstellung zu einer Marke oder einem Produkt und greifen bei der Bewertung auf ihr Fachwissen zurück (Nirschl et al., 2017).

Es gibt klassische Influencer, wie zum Beispiel Journalisten und Redaktionen aus den traditionellen und neuen Medien, aber es gibt zudem auch ganz neue Influencer. Aus den Sozialen Medien sind die modernen Influencer hervorgegangen. Das sind Nutzer, die über eine überdurchschnittlich hohe Reichweite in den jeweiligen Netzwerken verfügen. Sie üben dort einen großen Einfluss in Form von eigenen Beiträgen oder Kommentaren aus. Diese Influencer haben in der Regel eine große Anzahl an Abonnenten oder auch Followern. Über diese erhalten die Influencer meist viel Resonanz in Form von Likes, Shares und Kommentaren. Zum Thema Fitness gibt es auf Instagram eine Vielzahl an entsprechenden Influencer-Accounts. Ein bekannter deutscher Fitness-Influencer ist Florian Liebig aus Frankfurt am Main. Sein User-Name auf der Plattform Instagram lautet flooorrriii. Er läuft fast täglich und das auf abwechslungsreichem Terrain. Er lässt seine Follower immer teilhaben, indem er die Sporteinheiten in Live- oder Story-Beiträgen festhält. Zudem gibt er viele Tipps für Anfänger und Fortgeschrittene bezüglich Trainingsprogramm und der zugehörigen ausgewogenen Ernährung und gibt dabei den Followern im Dialog ein motivierendes Gefühl bei ihrer eigenen Leistung.

5. Definition Influencer Marketing

Mit dem Wandel auf den Märkten und der Gesellschaft durch die Digitalisierung verändern sich auch die Maßnahmen im Marketing. Influencer Marketing gehört zum Sektor Social Media Marketing und stellt eine junge Werbeform dar, die durch ihre hohe

Effizienz sehr lukrativ für viele Unternehmen ist. Mithilfe des Einflusses und der Reichweite von Influencern, was auf Deutsch „Beeinflussern" oder „Meinungsmacher" bedeutet, soll die Marketing-Strategie ausgebaut und mehr Aufmerksamkeit generiert werden.

Da zwischen den Influencern und ihren Followern eine hohe Vertrauensbasis besteht, gilt diese Marketingmaßnahme als eine mit hohem Potenzial. Der Einfluss der Influencer ist dabei nicht nur im kommerziellen Sinne gemeint, denn Influencer haben die Kraft, Menschen zum Handeln zu bewegen. Hier steckt die wahre Kraft des Influencer-Marketings. Sie werden zum Vorbild ihrer Follower. Influencer haben ein klares Profil und können die Follower für ihre eigene Leidenschaft begeistern. Diese kann von Beauty, Mode, Sport, Ernährung bis hin zur Elektronik reichen.

Eine Studie von G&J aus dem Jahr 2017 hat gezeigt, dass Influencer Marketing Reichweite und Aufmerksamkeit erzeugt. Den Followern fällt auf, wenn ein Influencer eine Marke erwähnt und ordnen die konkrete Botschaft dabei auch eindeutig der werbenden Marke zu. Mit einem Zuwachs von 34,8 Prozent schaffen Influencer-Kampagnen damit in hohem Maße Aufmerksamkeit für eine Marke. Influencer Marketing hilft auch bei der Steigerung der Markenbekanntheit. Die sogenannte Brand Awareness wird um durchschnittlich 17,3 Prozent gesteigert, bei eher unbekannten Marken kann der doppelte Wert erreicht werden. Influencer Marketing emotionalisiert und bietet Interaktionen zwischen Werbendem und Follower. Die Influencer-Kooperationen bauen eine starke Nähe zwischen Marke und den Konsumenten auf, sichtbar in deutlich gesteigerten Werten für Sympathie, Vertrauen und Glaubwürdigkeit der Marke. Die Kaufbereitschaft für eine Marke wird durch Influencer-Kooperationen durchschnittlich um 29 Prozent angehoben und die Weiterempfehlungsbereitschaft steigt um 37 Prozent.

Professionelle Influencer verstehen das Influencer-Marketing als ein Geschäft und verhalten sich entsprechend. Sie klären den Ablauf der Kampagne mit dem Auftraggeber ab, haben kreative Ideen für die Umsetzung und liefern professionelle Ergebnisse im vereinbarten Rahmen. Die Influencer wissen, wie ihre Follower ticken und wie weit sie mit Werbung gehen dürfen, ohne dass sie ihren Followern damit negativ auffallen. Sie gehen auf die Bedürfnisse des Unternehmens ein, achten jedoch stets darauf, das Vertrauen ihrer Follower dabei nicht zu missbrauchen. Dazu gehören unter anderem die ehrliche Meinung zu den Produkten, die sie vom Unternehmen bekommen, die sogenannten PR-Samples, und eine entsprechende Kennzeichnung des Beitrags als Werbung. Influencer sind Plattform-User, die mit ihrem authentischen Auftritt und herausragendem Social-Media-Profil ein großes Publikum aufgebaut haben, welches das Unternehmen erschließen will. Die Vergütung ist dabei Verhandlungssache und reicht von kostenlosen Produkten oder Dienstleistungen bis hin zu mehrstelligen Geldbeträgen.

6. Auswahl des zu bewerbenden Unternehmens

6.1. Unternehmenskonzept

Abb.3: MEXXfit Logo

Unter dem Namen MEXXfit eröffnete das erste Fitnessstudio in Markt Indersdorf im Jahr 2013. Das Hauptaugenmerk liegt auf der Vermittlung von Spaß und Freude an der Bewegung. Das Studio bietet neben einer erstklassigen Ausstattung ein klar strukturiertes und fundiertes Trainingskonzept an. Sowohl das klassische Krafttraining als auch modernste Gruppenkurse werden angeboten. Die Kurse umfassen unter anderem Faszien-Training, Reha-Sport, Boxen und Yoga und werden von professionellen Kursleitern betreut. Sie finden in kleinen Gruppen von höchstens 15 Personen an jedem Wochentag zu verschiedenen Tageszeiten, ausschließlich Sonntag, statt. Abgerundet wird das ganze durch drei Squash-Courts. Freizeit-, Amateur- oder ambitionierter Sportler können hier unter einem Dach trainieren.

Durch kontinuierliche und persönliche Betreuung, die sowohl in der Gruppe als auch im individuellen Personaltraining stattfinden, wird die Basis für einen nachhaltigen Trainingserfolg geschaffen. Hierfür bietet das MEXXfit spezielle und individuelle Betreuungskonzepte an sowie eine professionelle Ernährungsplanung. Für alle Mitglieder stehen zudem Getränke, der Saunabereich, frisches Obst, die Duschen, W-Lan und die Erstellung der Trainingspläne durch die ausgebildeten Trainer kostenfrei zur Verfügung.

Abb.4: Trainingsfläche

Zu einem effektiven Training gehören ausreichende und richtige Regeneration. Das Studio verfügt über einen stillvoll ausgestatten Nass- und Ruhebereich inklusive einer Bio- und finnischen Sauna. Dienstags ist ab 16:00 Uhr reine Damen-Sauna. Dazu kommt eine externe Masseurin und es gibt Orangensaft und gesunde Snacks im Ruhebereich. Die Sports Bar lädt ein zum genussvollen Ausklang mit Snacks und Getränken. Das Studio hat unter der Woche täglich von 8:00 Uhr bis 22:30 Uhr geöffnet, samstags von 9:00 Uhr bis 18:00 Uhr und sonntags von 9:00 Uhr bis 19:30 Uhr. Zudem wird den Kunden sonntags ein kostenloses ausgewogenes Frühstücksbuffet geboten. Die Haupt-Stoßzeiten sind werktags von 17:00 Uhr bis 19:00 Uhr.

Die Kunden haben verschiedene Möglichkeiten, das Angebot des Studios zu nutzen. Es gibt eine Vielzahl an Traif-Verträgen mit jeweils unterschiedlichen Laufzeiten und Konditionen. Auch einen speziellen, preisgünstigeren Schüler- und Seniorenvertrag gibt es, sowie eine 10er-Karte für Fitnesstraining oder den Saunabereich.

Die Verfasserin der Arbeit hat sich für dieses Unternehmen entscheiden, da sie sowohl selbst Kundin, als auch Angestellte ist und vom Konzept und der Unternehmensphilosophie überzeugt ist.

6.2. Inhaber und Team

Abb.5: Vassilios Kyrillidis

Geleitet wird das MEXXfit von Vassilios Kyrillidis. Der gebürtige Grieche eröffnete das Fitnessstudio vor fünf Jahren zusammen mit seinem Bruder. Er kümmert sich um Angelegenheiten in allen Bereichen, von der Geräte-Wartung bis zur Kundenbetreuung. Für das Wohl der Kunden sorgen am Empfang Johanna Dübener, Tanja Friedrich, Mandy Gastl, Pamela Sinomati, Joana Häuser, Carolin Schuppe, Lilly Sarisakal und Michael Stegmann. Die Trainer-und Kursleiter-Belegschaft setzt sich zusammen aus Lina Gasteiger, Thomas Kautzleben, Nicole Feldmann, Ernst Hironimus, Roland Teichmann, Danilo Weber, Arline Wolff und Alexander Thoma. Sie arbeiten, wie die Empfangs-Mitarbeiter, in verschiedenen Schichten. Beate Schröder ist für die Verwaltung zuständig und täglich von 8:00 Uhr bis 12:00 Uhr im Studio anwesend. Sie kümmert sich vor allem um buchhalterische Angelegenheiten und die Pflege der Kundendateien.

Es ist an jedem Tag in der Woche jeweils nur ein Flächen-Trainer, eine Theken-Kraft und der jeweilige Kursleiter im Studio, außer mehrere Kurse überschneiden sich zeitlich.

6.3. Stammkundschaft

Die Stammkundschaft des MEXXfit setzt sich aus den Anwohnern der ländlichen Kleinstadt Markt Indersdorf und deren Umgebung zusammen. Die Studiomitglieder sind aus jeder Alters- und Verdienstschicht. Ob alt oder jung, ob Schüler, Manager oder Rentner, jeder kann dort in entspannter Atmosphäre trainieren, Squash spielen, die Sauna besuchen oder einen der diversen Kurse belegen. Diese Vielschichtigkeit kennzeichnet das Studio maßgeblich und macht das Trainieren für die meisten Menschen angenehmer. Diese Vielschichtigkeit ist auch der Grund dafür, weshalb das Studio selten überfüllt ist. Dadurch, dass der Großteil der Kundschaft aus den umliegenden Ortschaften kommt, kennen viele Mitglieder sich bereits untereinander, was die Studio-Atmosphäre zusätzlich familiärer macht. Derzeit verzeichnet das Studio 716 vertraglich gebundene Mitglieder.

7. Entwicklung einer Social Media Strategie

Für Unternehmen und Personen des öffentlichen Lebens spielt Social Media heutzutage eine enorme Rolle. Eine zielgerichtete Social Media Strategie ist auch für das MEXXfit unabdingbar. Eine starke Kundenbindung, ein guter Ruf und eine intensivere Marken-wahrnehmung werden nur durch einen regelmäßigen Austausch mit den Zielpersonen erzeugt. Es sollte dabei ein Dialog entstehen. Wie das Unternehmen bezüglich Social Media bereits aufgestellt ist, spielt dabei auch eine Rolle. Das MEXXfit nutzt bereits die Plattform Facebook. Hier müssen die Inhalte an die neue Strategie angepasst werden durch beispielsweise Reposts oder Screenshots des Influencer-beitrags, welche wiede-rum über die MEXXfit-Facebookpage geteilt werden.

Für die konkrete Strategieentwicklung werden im Folgenden die Ziele und die Zielgruppe analysiert, eine geeignete Social Media Plattform ausgewählt und Forschungen zur Kon-kurrenz angestellt. Anschließend wird ein passender Influencer zur Umsetzung der Kam-pagne ausgesucht und die Rahmenbedingungen hierfür festgelegt.

7.1. Ziele

Ein Unternehmen kann verschiedene Zielzustände anstreben. Dabei wird auch zischen diversen Zielarten unterschieden. Unternehmensziele zum Beispiel sind Ziele, die sich auf das gesamte Unternehmen beziehen. Sie drücken sich in zu erreichenden Vorgaben aus, wie beispielsweise die Erhöhung der Gesamtrentabilität, Umsatz- und Gewinnstei-gerung oder die Sicherung von Arbeitsplätzen. Werbeziele dagegen beziehen sich auf ein beworbenes Objekt, in diesem Fall der neue Drei-Monats-Fitnessvertrag des MEXXfit (Aerni & Bruhn, 2012).

Durch die Marketing-Kampagne soll die Bekanntheit des Studios erhöht werden, ein mo-dernes Image geschaffen und eine Gewinnsteigerung erzielt werden.

Um aussagekräftige Werbeziele entwickeln zu können, wird häufig das SMART-Modell

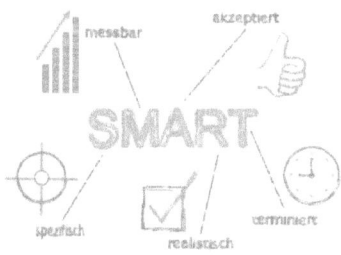

(siehe Abb.2) angewandt. SMART ist ein Akronym und steht für die Zieleigenschaften spezifisch, messbar, akzep-tiert beziehungsweise ambitioniert, realistisch und termi-niert. Spezifisch bedeutet in diesem Fall, dass die Ziele, die mit der Werbekampagne erreicht werden sollen, eindeutig, positiv und spezifisch definiert werden. Nur so können alle die gleiche Vorstellung von dem entwickeln, was erreicht

Abb.6: SMART-Modell

werden soll. Die Messbarkeit ist wichtig, damit das Erreichen der Ziele festgestellt wer-den kann. So kann bei Bedarf gegengesteuert werden. Oftmals ist eine direkte Messbar-keit jedoch nahezu unmöglich. In solchen Fällen ist es wichtig festzustellen, über welche Ersatzgrößen die Zielerreichung gemessen werden kann. So ist beispielsweise das Ziel der Erhöhung der Kundenbindung direkt nur schwer messbar. Indirekt kann diese aber über eine Befragung mit geeigneten Messkriterien oder über eine Analyse der Kunden-fluktuation oder des Beschwerde-Managements gemessen werden. Die Ambition oder die Akzeptanz ist das weichste der fünf Zielkriterien, dennoch aber ebenso wichtig wie die anderen. Die definiteren Ziele können nur dann erreicht werden, wenn diese für die Beteiligten attraktiv oder mindestens von ihnen akzeptiert sind. Anderenfalls können die Ziele nur unter unverhältnismäßig hohem Aufwand und unter Inkaufnahme von Abstrichen bei der Ergebnisqualität erreicht werden. Die Ziele realistisch zu definieren ist essenziell. Sie müssen mit den zur Verfügung stehenden Ressourcen und in der vorgegebenen Zeit erreichbar sein. Ist dies nicht der Fall, entsteht bei den Beteiligten eine stetige Überforderung, die schließlich aufgrund der frustrierenden Umstände in Demotivation mündet. Die Terminierung der Zielerreichung ist grundlegend, um einen genauen Zeitpunkt nennen zu können, zu welchem diese Erreichung gemessen werden soll (Kreutzer, 2017).

Der zu bewerbende Vertrag kostet einmalig 139,90 Euro. Die sonst übliche Anmeldegebührwomit in Höhe von 59,90 Euro fällt nicht an. Die Kunden haben damit eine Ersparnis von 70,00 Euro im Vergleich günstigsten Vertragstarif. Verlängern die Kunden diesen Vertrag und wechseln sie automatisch zu einem der regulären Tarife. Die Kosten des Drei-Monats-Angebotes werden dann mit dem neuen Vertrag verrechnet. Das MEXXfit hat für die Social-Media-Marketingkampagne ein Budget von 3000,00 Euro angesetzt. Die Ziele dieser Kampagne müssen mit gewissen Parametern festgesetzt werden, um den tatsächlichen Erfolg messen zu können. Das oberste Ziel der Marketing-Kampagne des MEXXfit-Studios ist eine markante Gewinnsteigerung in durch den neuen Drei-Monats-Vertrag von Januar bis März.

Folgende Formel lässt Vermutungen zu, inwieweit sich die Zusammenarbeit mit einem Influencer für das Unternehmen lohnt:

(Durchschnittliche Like-Anzahl x 0,01 x Preis des günstigsten Produkts) - Kosten für 1 Post > 0

Das Produkt aus der durchschnittlichen Like-Anzahl auf die Beiträge des Influencers multipliziert mit 0,01 und dem Preis des günstigsten Vertrags des Studios abzüglich der Kosten pro Posting des Werbe-Partners ergibt den Umsatz, welcher pro Werbe-Posting des Influencers generiert wird.

7.2. Zielgruppe

Um die neue Zielgruppe zu erschließen und so den Kundenstamm zu erweitern, muss analysiert werden, wer hinter dieser Zielgruppe steckt. Je genauer die Zielgruppe untersucht wird, desto besser kann entsprechender Content geschaffen und die Zielpersonen später bei der Umsetzung erreicht werden. Um herauszufinden, wie die Zielgruppe in den sozialen Netzwerken agiert, werden die Zielpersonen nachfolgend in sechs unterschiedliche Typen eingeteilt.

Der „Quiet Follower" ist eher passiv und folgt einem Social Media Account hauptsächlich aus Gruppenzwang. Hier sollte attraktiver Content wie Bild- und Videomaterial gepostet werden.

Der „Casual Liker" war oder ist Kunde im MEXXfit-Studio und hat deswegen ein "Like" vergeben. Bei dieser Gruppe sollte auf teilenswerte Inhalte gesetzt werden, da diese Personen dazu neigen, für sie interessante Inhalte weiterzugeben.

Der „Deal Seeker" legt seinen Fokus auf Sonderangebote legt. Laut einer Statistik von ReachLocal aus dem Jahr 2017 folgen 49 Prozent der Social-Media-Nutzer den meisten Unternehmens-Accounts, um über Schnäppchen und Sonderaktionen informiert zu werden. Der Drei-Monats-Vertrag des Studios ist demnach perfekt für diese Gruppe. Der „Unhappy Customer" hat im Studio schlechte Erfahrungen sammeln müssen und veröffentlicht dies über Social Media Plattformen. Diese Gruppe sollte vom Unternehmen stets besonders intensiv betreut werden.

Der „Cheerleader" ist ein begeisterter Kunde des MEXXfit. Um diese Begeisterung nicht zu gefährden, sollten auch sie gut betreut werden.

Der loyale Fan ist eine Person, das Studio online wie offline auf allen Ebenen lobt und bei Bedarf verteidigt. Positive Kommentare dieser Gruppe können für Marketing-Zwecke genutzt werden (https://onlinemarketing.de/news/infografik-die-sieben-verschiedenen-social-media-typen).

Das MEXXfit möchte mit der Marketing-Kampagne einen dreimonatigen Fitnessvertrag

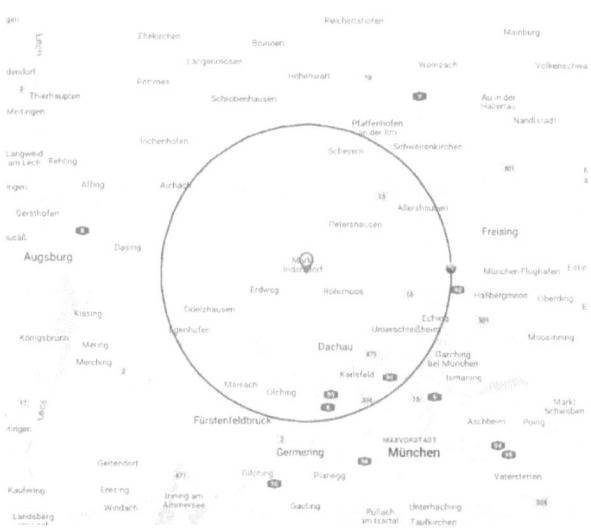

Abb.7: Einzugsgebiet

bewerben und spricht somit vor allem die bereits beschriebenen „Deal Seeker" an. Das Angebot richtet sich aber auch an alle anderen Menschen, die sportlich aktiv werden möchten. Vor allem jene Personen, welche sich zum neuen Jahr Vorsätze gemacht haben oder generell über die Wintermonate in Form kommen möchten, sollen das Angebot wahrnehmen. Im Rahmen der Feldvorbereitung hat sich gezeigt, dass die relevanten Personen Anwohner aus Markt Indersdorf oder den umliegenden

Gemeinden sind. Ein Radius von 20 Kilometern um das MEXXfit wurde hierfür festgelegt (siehe Abb.7), da die meisten Menschen erfahrungsgemäß aus Gründen der Bequemlichkeit für einen Besuch im Fitnessstudio nicht mehr als diese Kilometeranzahl fahren möchten.

7.3. Mediaplanung: Auswahl der Plattform

Es wurde sich für die Plattform Instagram entschieden. Instagram ist eine Microblogging Plattform, auf der Fotos und Videos im quadratischen Format von den Nutzern veröffentlicht werden. Vorlage zum Bildformat waren die Polaroid Kameras. Die Beiträge können mit Filtern, Hashtags und einem Beschreibungstext versehen werden. Instagram wird hauptsächlich als App auf dem Smartphone genutzt. Die Gründe, die für das Werben auf dem Netzwerk sprechen, hat Instagram im Jahr 2017 selbst zusammengefasst: „Mit einer Community von mehr als 700 Millionen monatlich aktiven Nutzern ist Instagram die weltgrößte Plattform für Mobilgerät-Inserate." Instagram ist zudem das am schnellsten wachsende mobile Netzwerk (Flemming, 2017).

Es bietet verschiedene Funktionen. Eine davon ist die Story-Funktion. Es handelt sich dabei um kurze Videos, die 24 Stunden nach ihrer Erstellung wieder verschwinden. Für Marketingzwecke wird diese Art von Content vermutlich noch stärker in den Fokus rücken, da die Stories im Feed ganz oben positioniert sind und dadurch direkt ins Auge fallen. Außerdem erzeugt die Kurzlebigkeit der Stories bei vielen Nutzern das Gefühl, etwas zu verpassen, wenn sie diese nicht täglich checken. Ähnlich wie Instagram Stories hat sich die Popularität von Live-Video-Inhalten auf Instagram etabliert. Die Instagram Live Funktion ist in den Instagram Stories integriert, aber immer als ein eigenständiges Format. Das MEXXfit kann die Live-Funktion auf Instagram nutzen, um den Influencer mit ihren Kunden auf authentischem Wege kommunizieren zu lassen. Der Influencer kann so beispielsweise einen Studiorundgang vornehmen, die Teammitglieder vorstellen oder sein eigenes Training in Echtzeit verfolgen lassen. Durch den Dialog mit den Zuschauern kann der Influencer auf individuelle Fragen oder Anliegen der Nutzer eingehen (Höttinger, 2018).

Für eine höhere Reichweite und mehr Interaktion auf Instagram sollte nicht auf Hashtags verzichtet werden, denn sie sorgen für die Verbreitung der Inhalte. Hashtags sind Wörter die an das Doppelkreuz „#" angefügt werden. Brand-Hashtags können der Name des Unternehmens sein oder aber auch ein Slogan oder Zitat, mit dem das Unternehmen verbunden wird.

Das Studio könnte deshalb beispielsweise diese Brand-Hashtags für die Influencer-Postings verwenden: #MEXXfit, #MEXXfitMarktIndersdorf, #MEXXfitStudio, #MEXXfitTraining, #MEXXfitGains, #MEXXmuscles. Brand-Hashtags sollte man als Unternehmen so wählen, aber auch als Kunden des Unternehmens, dass sie intuitiv einsetzbar sind. Die einheitliche Verwendung von Hashtags sorgt für eine organisierte Kommunikation (Merz, 2015).

7.4. Konkurrenzanalyse

Die Konkurrenzanalyse ist Teil der Wettbewerbsanalyse. Für die Gestaltung der Marketingkampagne genügt es jedoch, sich auf die Analyse der Konkurrenz zu beschränken.

Grundsätzlich geht es bei der Konkurrenzanalyse darum, die Konkurrenten besser kennen zu lernen und einschätzen zu können. Die Nachforschungen liefern Informationen zu den Social Media Auftritten der konkurrierenden Fitnessstudios. Die Konkurrenzanalyse kann kostengünstig intern oder extern aufbereitet werden. Durch sie können die eigenen Stärken und Schwächen mit denen der Konkurrenz verglichen werden. Die Konkurrenzanalyse bildet die Grundlage für weitere Bestandteile der Kampagnen-Erstellung, wie beispielsweise die Auswahl geeigneter Werbemittel. Sofern die Konkurrenz gute Arbeit leistet, kann sie als Orientierung für die eigene Strategie dienen.

Abb.8: Box-Kitchen Instagram-Profil

Die lokale Konkurrenz weist einen eher schwachen, rein informativen Social Media Auftritt auf lediglich der Plattform Facebook vor. Deshalb gibt diese keinerlei Orientierungspunkte für das MEXXfit vor.

Andere Fitnessstudios, wie beispielsweise die Box-Kitchen aus München, haben einen professionellen Auftritt in den sozialen Medien (siehe Abb.3). Sie nutzen die Story-Funktion und haben auf eine Wegbeschreibung, eine Anruf-und E-Mail-Funktion und ihre Website direkt auf der Instagram-Profilseite verlinkt. Dort posten sie in regelmäßigen Abständen verschiedene Inhalte. Darunter sind zum Beispiel Trainings-Tipps, Informationen zu neuen Angeboten und motivierende Sprüche. Die Inhalte sind dabei sowohl in Video- und Bildformat, als auch in Text-Form. Das Verhältnis zwischen der Follower-Anzahl und den Likes auf die Beiträge ist authentisch, es wird hierbei also nicht geschummelt (https://www.instagram.com/box_kitchen/).

Unter den Beiträgen finden stets Dialoge mit den Followern statt, in denen Fragen beantwortet werden, oder

Abb. 9: Influencer als Werbemittel

sich für Zuspruch bedankt wird. Zudem fotografieren sie auch bekannte Persönlichkeiten der Fitness-Branche in ihren Räumlichkeiten und veröffentlichen diese Bilder mit einer Verlinkung der jeweiligen Person (siehe Abb.4). Das soll den Followern vor allem zeigen, wie einmalig, interessant und erfolgreich das Konzept der Box-Kitchen ist. (https://www.instagram.com/p/Be3XxrqHiMS/?taken-by=box_kitchen).

Das MEXXfit wird sich wegen des sehr guten Social Media Auftritts an diesem Konkurrenz-Beispiel orientieren, obwohl die Box-Kitchen aufgrund der Entfernung vom Zielgruppen-Radius nicht mehr zur direkten Konkurrenz zählt.

8. Auswahl des Influencers

Die bewährteste Methode, um die relevanten Influencer zu recherchieren, ist eine thematische Suche nach aktuellen Beiträgen, die zum Kooperationsgesuch einen direkten Bezug haben. Dazu eignet sich die Recherche in Form von relevanten Hashtags. Das MEXXfit sollte deshalb vorzüglich nach Sport- und Fitnesslifestyle-bezogenen Hashtags suchen, um so geeignete Influencer ausfindig zu machen.

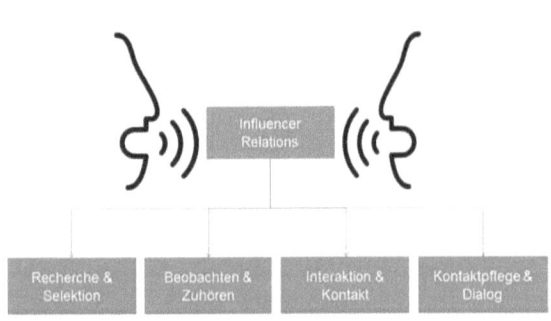

Abb.10: Influencer Relations

Um die richtigen Influencer für das Unternehmen und die zugehörige Marke zu begeistern, braucht es echtes Interesse und den Willen zum individuellen Dialog. Nur so können gute Influencer Relations (siehe Abb.2), also eine positive Beziehung zwischen Unternehmen und Influencer, geschaffen werden. Wenn die Zielgruppe des Influencers dabei mit der des Unternehmens übereinstimmt, kann eine Zusammenarbeit erfolgreich werden. Bevor der Influencer kontaktiert wird, muss überlegt werden, was der Influencer von einer Zusammenarbeit mit dem Unternehmen hat und was ihm als Mehrwert geboten werden kann.

Solche Mehrwerte können zum Beispiel exklusive Angebote, unveröffentlichte Informationen oder Wissen sein, mit dem sich der Influencer in seiner Community profilieren kann. Dabei darf niemals die neutrale Berichterstattung des Influencers beeinflusst werden. Auch auf negative Berichterstattung sollte professionelle Reaktion erfolgen und die Kritikpunkte ernst genommen werden. Es muss Interesse an den Beiträgen und dem Profil des Influencers gezeigt werden. Aspekte ihrer Inhalte und Ideen sollten bei der Kontaktaufnahme aufgegriffen werden. So wird gezeigt, dass tatsächliches Interesse an einem Dialog besteht. Die Unternehmensinformationen sollten den Influencern grundsätzlich in digitaler Form bereitgestellt werden. Dazu gehören Fotos, Texte oder Videos. Die größte Herausforderung beim Influencer Marketing stellt die Komplexität der sozialen Medien dar. Es müssen daher individuelle Formen der Zusammenarbeit angeboten werden, um die Erwartungen des Unternehmens mit den Influencern und ihren Leistungen vereinen zu können. Zudem ist der Erfolg einer Influencer-Kampagne schwer voraussehbar. Statistisch gesehen beträgt die durchschnittliche Interaktionsrate bei Instagram ca. 4,5 Prozent. Gute Influencer erreichen diesen Durchschnittswert und können diesen im besten Fall übertreffen. Doch hier ist Vorsicht geboten, denn sowohl bei den Follower-Anzahlen als auch bei den Interaktionen wird oftmals geschummelt.

Professionelle Influencer ernten aber nicht nur viele Likes auf ihre Beiträge, sondern regen unter ihnen in den Kommentaren auch Diskussionen an. Dabei beteiligen sie sich auch selbst am Gespräch und haben ein enges Verhältnis zu den Followern.

Aus Unternehmersicht sind auch vergangene Kooperationen mit anderen Marken ein Indiz dafür, wie geeignet ein Influencer für die eigene Kampagne ist. Zum einen kann dadurch eingeschätzt werden, was für die eigene Kampagne erwarten werden kann und zum anderen ist es auch ein Zeichen dafür, ob der Influencer ausschließlich mit Unternehmen und Marken zusammenarbeitet, welche er authentisch repräsentieren und bewerben kann, oder einfach nur beliebige Verdienstgelegenheiten nutzt.

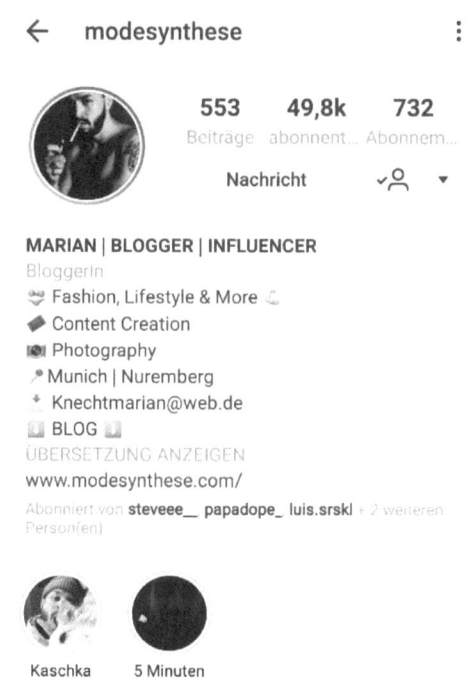

Abb.11: Influencer „modesynthese"

Für die Kampagnen-Umsetzung hat man sich für den Fitness- und Modeinfluencer Marian Knecht aus München entschieden. Der 24-jährige ist auf Instagram mit seinem Account „modesynthese" (siehe Abb.4) vertreten und hat derzeit 49.800 Follower. Seit 2015 ist der Mode-Design-Student auf dieser Plattform aktiv und hat bis heute 553 Postings zu den Themen Fitness, Lifestyle und Mode veröffentlicht (https://www.instagram.com/modesynthese/).

Wie sich im Interview am 27. Februar 2018 herausstellte, wird Marian Knecht seit er 10.000 Follower auf Instagram hat, von diversen Unternehmen als Werbepartner hinzugezogen. Er wählt hierbei selbst aus, mit welchen Unternehmen er tatsächlich zusammenarbeiten möchte.

Seine Kriterien bei dieser Entscheidung sind die Authentizität des Partners, ob er sich mit den jeweiligen Kooperationen selbst identifizieren kann und ob schon viele Kooperationen mit anderen Bloggern erfolgt sind. Denn ist das der Fall, hat das für den Münchner laut eigener Aussage keinen besonderen Reiz mehr mit diesem Unternehmen für Werbezwecke zusammenzuarbeiten.

Aktuell hat er eine laufende Kooperation mit der bekannten Fitness-Ernährungsmarke „foodspring" (siehe Abb.5). Die Werbetexte unter den Postings darf er in diesem Fall selbst festlegen. Lediglich die Brand-Hashtags und eine Verlinkung zum Profil des Unternehmens sind vom Auftraggeber vorgeschrieben. Unter seinen Kooperations-Beiträgen hierzu fragt er nach den Meinungen und Erfahrungen seiner Follower und wirbt mit Rabattcodes für den Online-Shop der Marke. Zudem beherrscht er den essentiellen Influencer-Follower-Dialog, was sich an der Vielzahl beantworteter Kommentare zeigt. (https://www.insta-gram.com/p/BeDnHn_Hw3V/?taken-by=mode-synthese).

modesynthese
Box-Kitchen München

Gefällt steveee__, modesynthese_private und 878 weitere Personen
modesynthese Shine bright like a Diamond 💎 kein Workout ohne @foodspring 💪 wie findet ihr das Design des neuen Shakers? Tell me 👀 #foodspring #foodspringfamily #werbung | BTW: get 15% with Code 'modefsg' 🤙

Abb.12: foodspring-Kampagne

Generell darf der Influencer selbst festlegen, wann, also zu welcher Uhrzeit und an welchem Tag er das Werbe-Posting hochlädt. Es gibt je-doch einzelne Ausnahmen, wie beispielsweise bei Weihnachts- oder Valentinstags-Kampag-nen.

8.1. Kosten für Werbe-Postings des Influencers

Laut Marian Knecht argumentieren viele Unternehmen bei der Vergütungsverhandlung mit dem sogenannten „gifting", also dem kostenlosen Überlassen der zu bewerbenden Produkte. In den meisten Fällen macht das kooperationsbereite Unternehmen jedoch einen monetären Vorschlag, auf den der Influencer entweder eingeht oder ein Gegen-angebot abgibt. Man versucht sich zu einigen.

Derzeit verlangt Marian Knecht mit seinem Profil „modesynthese", auf welchem er fast 50.000 Follower hat, 250,00 Euro pro Werbe-Posting im Bild-Format. Bei Video-Postings verlangt er 25-50% mehr, da der Aufwand hierbei für ihn deutlich höher ausfällt. Für das MEXXfit wird deshalb berechnet, wie viele Postings mit dem eingesetzten Kapital von 3.000,00 Euro finanziert werden können und wie viel Umsatz beziehungsweise Gewinn sich daraus ergibt.

Teilt man die 3.000,00 Euro durch die 250,00 Euro, welche der Influencer pro Post min-destens verlangt, ergibt sich, dass so zwölf Bild-Postings finanziert werden können. Es wird sich jedoch dazu entschieden, nur neun Bild-Postings und dafür zusätzlich zwei Video-Postings in Auftrag zu geben. Da ein Video-Posting doppelt so teuer ist wie ein

Bild-Posting, können damit insgesamt elf anstatt den zwölf möglichen Werbe-Posts finanziert werden.

Für die Berechnung des Umsatzes und des Gewinns, welcher mittels der Kooperation generiert werden soll, kommt die unter Punkt 7.1 bereits erläuterte Formel zum Einsatz:

(Durchschnittliche Like-Anzahl x 0,01 x Preis des günstigsten Produkts) – Kosten für 1 Post > 0

Die durchschnittliche Like-Anzahl des Influencers Marian Knecht beträgt 1065 Likes pro Posting. Der Preis des günstigsten Vertrags beträgt 34,90 Euro im Jugendvertrag auf drei Monate Laufzeit zuzüglich der einmaligen Startgebühr in Höhe von 59,90 Euro. Angewendet auf die Formel ergibt sich daher folgende Berechnung:

(1065 Likes x 0,01 x 164,60 Euro) – 250,00 Euro = 1502,99 Euro

Pro Posting des Influencers generiert das MEXXfit laut diesem Ergebnis 1502,99 Euro. Multipliziert mit elf, also der Anzahl an Postings, welche das Fitnessstudio beauftragt, ergibt das einen Gesamtumsatz in Höhe von 16.532,89 Euro. Der Reingewinn beläuft sich auf 13.532,89 Euro, da die eingesetzten 3.000,00 Euro abgezogen werden müssen. Der Studiobesitzer ist mit Aussicht auf dieses Ergebnis zufrieden, womit zum finalen Schritt übergegangen werden kann.

8.2. Art, Inhalt und Frequenz der Postings

Im abschließenden Schritt gilt es, die Social-Media-Inhalte festzulegen. Ohne gute Inhalte ist Social Media wertlos und ohne Social Media werden weniger User über die Inhalte in Kenntnis gesetzt. Diese symbiotische Beziehung spiegelt die Wichtigkeit guten Contents wider.

Einer erfolgreichen Social-Media-Content-Strategie werden drei große Hauptfaktoren zugeschrieben: Die Art des Inhalts, den Zeitpunkt der Veröffentlichung und die Häufigkeit der Posts. Beim Netzwerk Instagram ist reiner Text nicht zielführend. Die Inhalte müssen abwechslungsreich gestaltet werden und beim Betrachter Emotionen, Wünsche oder Bedürfnisse erwecken. Hierfür gibt es viele Möglichkeiten, wie Bild-Inhalte, Stories, Live-Beiträge und Videos. Eine ausgeglichene Posting-Frequenz ist genauso wichtig wie die Art der Inhalte, die geteilt werden. Auch hierfür gibt es bestimmte Tools, die dabei helfen können, die richtige Frequenz abzuschätzen. Laut textbroker.de sollte auf Instagram ein Beitrag am besten zur Mittags- oder Abendzeit gepostet werden, denn zu diesen Zeiten sind die meisten Nutzer aktiv.

Die elf Beiträge, welche das MEXXfit bewerben sollen, werden über drei Monate hinweg von Oktober bis Dezember jeweils zwischen 15:00 Uhr und 19:00 Uhr gepostet. Diese sind dabei folgendermaßen gestaltet:

Drei Bilder postet Marian Knecht in Trainings-Montur in den Räumlichkeiten des Studios. Die Brand-Hashtags #MEXXfit und #MEXXmuscles werden darunter in einem für den Drei-Monats-Vertrag werbenden Text eingebunden.

Zudem sollen diese erfolgreichen Trainingstage in der Story des Influencers bildlich mit Verlinkung zum MEXXfit erwähnt werden.

Ein Bild-Posting im Ruhebereich des Studios mit einer Bildunterschrift, welche für die gute Entspannungsmöglichkeit im Studio und zeitgleich für das Vertragsangebot wirbt, wird mit den Brand-Hashtags #MEXXfit und #MEXXrelax versehen.

Des Weiteren wird ein Bild-Posting des Influencers in Box-Montur veröffentlicht, um die Attraktivität des Kursangebots, welches beim beworbenen Vertrag inklusive ist, zu veranschaulichen.

Ein Bild-Posting an der Studio-eigenen Bar, in welchem Marian Knecht mit frischem Obst posiert wird mit einem den Vertrag bewerbenden Text und den Brand-Hashtags #MEXXfit und #MEXXhealthy wird zudem gepostet.

Die zwei Video-Beiträge, in dem der Influencer Eindrücke seines Trainings im MEXXfit teilt, werden mit denselben Hashtags versehen, wie die Bild-Postings zum Training. Es wird wieder der Drei-Monats-Vertrag von Januar bis März beworben.

Die geplante Kampagne bildet den Abschluss dieser Arbeit und wird dem Auftraggeber sowie dem Influencer vorgelegt.

9. Literaturverzeichnis

Nirschl, M. & Steinberg, L. (2017). *Einstieg in das Influencer Marketing* (1. Auflage). Wiesbaden: Springer Gabler Verlag.

Merz, S. (2015). *# Hashtag-Marketing: Wie Sie Durch Hashtag-Marketing Leser Und Kunden Finden - Einfach, Schnell, Gratis!* (1. Auflage) CreateSpace Independent Publishing Platform.

Steffenhagen, H. (2008). Marketing: eine Einführung (6. Auflage). Stuttgart: W. Kohlhammer Verlag.

Flemming, M. (2017). *Instagram für Anfänger: Wie du in 60 Minuten zum Instagram-Experten wirst* (E-Book). Abgerufen am 20.Februar 2018 von https://www.amazon.de/Instagram-f%C3%BCr-Anf%C3%A4nger-Minuten-Instagram-Expertene-book/dp/B01FKKSVF0/ref=sr_1_1?s=books&ie=UTF8&qid=1519304806&sr=1-1&keywords=9783738634631&dpID=41gAOk-chARL&preST=_SY445_QL70_&dpSrc=srch

Höttinger, S. (2018). *Instagram boomt auch 2018* (1). Abgerufen am 22. Februar 2018 von https://www.copytrack.com/de/instagram-2018/

Michel, S. (2012). *Marketingkonzept: Grundlagen mit zahlreichen Beispielen, Repetitionsfragen mit Antworten und Glossar* (4. Auflage). Zürich: Swiss Marketing.

Kreutzer, R. (2017). Praxisorientiertes Marketing: Grundlagen - Instrumente – Fallbeispiele (5. Auflage). Berlin: Springer Gabler

Brown, D. & Hayes, N. (2008). *Influencer Marketing* (1. Auflage). Routledge.

Reil, H. (2014). *Influencer Marketing: Die hohe Kunst der Beeinflussung von Meinungsmachern* (1. Auflage). GBI-Genios Verlag.

Aerni, M. & Bruhn, M. (2012). Integrierte Kommunikation: Grundlagen mit zahlreichen Beispielen, Repetitionsfragen mit Antworten und Glossar (3. Auflage). Compendio Bildungsmedien.